DANIEL

Voo ileso
Voo ileso
Voo ileso

Copyright© 2022 by Literare Books International
Todos os direitos desta edição são reservados à Literare Books International.

Presidente:
Mauricio Sita

Vice-presidente:
Alessandra Ksenhuck

Diretora executiva:
Julyana Rosa

Diretora de projetos:
Gleide Santos

Capa, diagramação e projeto gráfico:
Gabriel Uchima

Revisão:
Leo Andrade

Relacionamento com o cliente:
Claudia Pires

Impressão:
Gráfica Paym

Dados Internacionais de Catalogação na Publicação (CIP)
(eDOC BRASIL, Belo Horizonte/MG)

G335v Genovez, Daniel.
Voo ileso / Daniel Genovez. – São Paulo, SP: Literare Books International, 2022.
14 x 21 cm

ISBN 978-65-5922-298-8

1. Literatura brasileira – Poesia. I. Título.
CDD B869.1

Elaborado por Maurício Amormino Júnior – CRB6/2422

Literare Books International.
Rua Antônio Augusto Covello, 472 – Vila Mariana – São Paulo, SP.
CEP 01550-060
Fone: +55 (0**11) 2659-0968
site: www.literarebooks.com.br
e-mail: literare@literarebooks.com.br

Voo ileso
Voo ileso
Voo ileso

Sumário

VENDE-SE O CÉU 9
FALSA ALEGORIA 12
ENCONTRO 13
ILHA VAZIA 15
O VELHO E O NOVO 16
ENTRE A FOICE E O MARTELO 17
DESPEDIDA EM PARIS II 19
MERIDIANO 20
DO OUTRO LADO DO MUNDO 22
ETERNIDADE 24
A LUA ME ILUMINAVA 26
UMA PONTE PARA O CÉU 27
PUZZLE 28
FLOR NEGRA 31
VOLUPTUOSA BAILARINA 32
DIANTE DE DEUS 33
MAS AINDA CHOVE 34
A VOZ DA AMÉRICA (Refugiados) 35

A VIDA É UM SOL TÍMIDO	37
TE AMO	38
UMA MOSCA NO COPO DE VODCA	39
SONHO ATRASADO	41
BRINDE À NOITE POR MIM	43
O SILÊNCIO NO MUSEU	44
O TEMPO AUSENTE	45
POESIA INACABADA	47
CÓPIA INFIEL	49
O CORVO	51
ILUSÃO DE NATAL	53
UM LIVRO NA CHUVA	54
DE BRANCO E GELO	55
O CÉU VIVE	56
ENTRE A NOITE E O DIA (DÉJÀ VU)	57
EU TE AMO EM SILÊNCIO	58
A BELA FLOR DE CACTO	60
CORAÇÃO DE MARESIA	62
HORA DO PARTO	63
DE NOVO, A FELICIDADE	64
VOO ILESO	65
FADO	68
O DESERTO ENTRE NÓS	69
O BEIJO DA NOITE	71
MENTA COM CHOCOLATE	72
HÁ POESIA NO ESCURO	74

DESENCONTRO (À SOMBRA DE MIM)	75
CAMINHO SEM FIM	76
ÁRVORE SENTINELA	77
LUZES DO FAROL	78
FIM DE ESTAÇÃO	79
TESTAMENTO	80
A LUA NO CHÃO	81
DE VOLTA AO PARAÍSO	82
CANTEIRO DE VENTO	83
À ESPERA DE UM MILAGRE	85
ÊXTASE	87
ALÉM DA LUZ	88
MÚSICA AO VENTO	89
INOCENTE SEDUÇÃO	91
BREVE DESPEDIDA	92
A ESPERANÇA E A SAUDADE	94
RUMO ÀS ÁGUAS	95
A MORTE DO AMOR	97
O MUNDO É TÃO PEQUENO	98
A ÚLTIMA CARTA DE AMOR	99
LONGÍNQUA ILHA	100
ÁGUA DE CACTO	101
O CACHECOL II	102
LÁGRIMAS DO AGRESTE	103
O SILÊNCIO DA CATEDRAL	104
ORAÇÃO À TUA PROCURA	105

UMA GOTA DE OCEANO 106
VINHO DE SANGUE 107
O TREM DA TARDE 109
A LUZ QUE NASCE 110
A NOITE MORTA 111
CUMPLICIDADE 112
LUA DE PASSAGEM 113
ATÉ QUE O VENTO SEPARE 114
O ÚNICO BEIJO 115
RUAS DO PASSADO 116
À TUA ESPERA 118
O ATOR E O PERSONAGEM 119
FLORES EM FUGA 121
NEFASTO SILÊNCIO (enquanto é permitido calar-se) 122
A LUZ NEGRA DOS OCEANOS 124
MAR REVOLTO 126
UMA ROSA NO ESCURO 127
BREVE ETERNIDADE 129
CANÇÃO EM TINDARI 130
DE VOLTA ÀS CORDILHEIRAS 131
CHUVA NO PANTANAL 133
VIAGEM 136

VENDE-SE O CÉU

Depois de tantos anos, o universo
parou de crescer,
e anunciou-se numa placa luminosa:
Vende-se o céu!

Todos os viajantes distantes, passantes
e curiosos, perguntavam a mesma coisa:
era uma ordem superior?
Ninguém sabia quem ordenara.
Estava ali, no portal, irradiando-se pelas galáxias:
Vende-se o céu!

Não tardaram a aparecer os ávidos mercadores:
almas *zimbrósicas*,
esúbridos filauciosos e os catastróficos *zhumanos*.

— Por menos que 10 *ziares*, nem pensar! – gritou o *Estileu*,
inarredável, e completou:
— Deu muito trabalho criar esse nada!
... esse zero absoluto de átomos do infinito
e bem em frente a toda magnificência divina.

— Por menos que 10 *ziares*, inegociável!
Qual raça herdará a imensidão?
— Sei que ela está agonizando, mas vale o fim parco da memória;
das lembranças dos primitivos indígenas e suas naves magnas
de luzes.
— Pensem: quanto vale o miolo da solidão?
... quanto vale esse abismo de fundo falso acima de nuvens
desgastadas?
... quanto vale essa paz despreocupada

dos quânticos satélites, meteoros e entrantes
com suas naves extradimensionais?
... essas tempestades estelares
que rugem sob colchas bordadas de utopias.
Quanto vale o céu?
... esse deserto emudecido, estático, frio,
de mercancia fúnebre dos seus ávidos exploradores?
Quanto vale a sua paz?
Pensem, pois...
A paz viva, de corpo e alma, o imenso só.
E ainda que nada, sentir-se pleno, vazio de tudo; sem peso, sem medidas...
ser menor que meio pósitron.
De quanto precisam?

Por fim, calou-se *Estileu*, desdenhoso em seu pensamento:
"O céu que eu vejo é uma rosa
e nunca saberão o valor de uma pétala."

E seguiu-se o imbróglio; todos se perguntavam:
Quanto vale o céu?

Todos se perguntavam e a notícia se espalhou:
Quanto vale o céu?

Façam suas apostas, senhores. Rápido!
Logo, todos se embriagariam de matéria escura...
Os sete guardiões poderiam finalmente jogar pelo resto da noite. Tudo seria noite!
... a explosão magna dos buracos negros engoliria as últimas estrelas, a intolerância, a crueldade, a soberba...
amontoados pelas estradas, sem destino.
O dia seguinte a outra grande explosão

e todas as forças de outro universo surgiriam
estonteantemente poderosas.
Batido o martelo!
Sem comprador,
o céu foi doado para a insurgente raça humana!

Zilênios passados e, lá embaixo,
perdidos no extremo da escuridão absoluta,
sem nada perceber da irrisão suprema,
agonizam os *bonachosos* herdeiros do céu:
súditos de guerra das mudanças do fogo, das tormentas dos mares
do ar *calcificante* dos vulcões...
dos plenos de *luciferosa* lucidez
que ainda armam mísseis destruidores
de pensamentos.
Enquanto isso, um balão,
na mão de uma criança, escapa...
rumo à infinitude desse falso abismo,
acima de um colorido de nuvens.
Onde se lê: Vende-se o céu!

FALSA ALEGORIA

No céu não se consertam asas.
Suntuosa deusa que a luz me lançou
sobre uma nuvem grávida
que na alvorada prematura expirou:

Caiu sentada na calçada de chuva
num reservado bistrô do Leblon.
Levada ao santuário de recuperação,
salva pelos monges beneditinos.

E desandou de sedução envolvente
ávidos homens e mulheres submissas,
marcou-me um poema estridente
nos seus impetuosos lábios-obelisco.

E foi a beldade em desalinho desfilar
de camburão aberto na Sapucaí!
Eu jurando tratar-se de uma pop star
e ei-la cúmplice dos abacaxis.

De bunda empinada, violão na cintura,
o passo trêbado pelo acostamento.
Acolhi-a ao vento causando-me ternura
que derrubou minha frágil armadura...

Minha alma balança pura no varal
e eu que sempre esperei sorte na vida,
um anjo caiu do céu no meu quintal:
Caboomp! Alegoria de asa partida...

ENCONTRO

Há um lugar em teus olhos
que tu me vês, eu sei.
E que nas entrelinhas do acaso
nos deixa juntos;
essa distância pausada
de algum lugar. Estreita na retina
se rompe
a fina camada sobre o lago de gelo
a cada lágrima se derrete.

Tua tristeza é minha
e eu te encontro
sob o azul frágil desse céu
um mar que se despede
ao vento largo, insistente.
Vozes do dia a névoa ascende
na corrente de ar
e flete alta a asa da gaivota
que de novo mergulha entre nós,
a vida em solitário declínio.

Ao teu encontro, a tristeza
sobrepõe-se de ondas à areia fina
que os meus passos seguem o trilho;
de algas, mariscos e conchas,
pedras soltas envolvidas de aura,
de invisíveis raios
te alumbra a manhã serena.
Todo infinito passa em nuvens breves
e um pássaro me olha confiante.
De luz, a abóbada do céu se vitrina.

Move a pedra no entremeio
súbito rebuliço áspero
de galhos baleados de vento;
num desvio estreito da encosta,
a foz vazada e cristalina,
viva das nossas mãos refletidas
sacia-nos a sede
e respinga de eternidade
na asa da ave em fuga.

Eis-nos, tímidos, apaixonados
sobre uma rede frágil, diante do sol
e descuidados de morte.
Tudo agora tem o mesmo ar;
o mesmo cheiro e sabor,
tudo... O céu está claro, o mar beija
a montanha que nos separava.

Nossos olhos se procuram
movendo-se mais perto;
brilhantes e ansiosos, eu te abraço
o pensamento.
A ave retorna ao último galho;
ressoa no ar um canto suave, alegre
rindo pra nós.
Enfim, a tarde, depois de tanto voo.

ILHA VAZIA

E tu eras algo que eu não pressentia.
Envolta de agitada onda à luz da quebrada luminosidade,
o pensar arrítmico sob o olhar difuso de um sol ofusco
que parte entre as tuas montanhas de serenidade;

O céu que te segue de bojudas nuvens
em bronze vermelho, tinto sangue,
trouxe-me à luz que do arco-íris se move.
Meu mundo, quem sabe,
se estanque no calor infinito dos teus braços.

A antiga corrente que me prendia ao cais
não prende mais à proa da embarcação
e sobre o mar angustiado,
tens meu barco quase a pique,
remado do ar que pende
de calmaria, tempestade ou ilusão.

Esse barco hesitante ao vento forte;
de oceano nu a vida se cobre e espera,
tal uma mera gaivota que a morte desafia
ao longo de nuvens turvas, esse sol
na imensidão entremeia a tua ilha vazia
e que apenas guarda do mar:
a tarde, uns corais e grãos de areia.

O VELHO E O NOVO

Um velho cochila, tardo de sono.
Seu cachimbo ralo da última fumaça,
escapa-lhe da boca,
rolando embaixo da cadeira.
Esfrega os olhos, ajeita-se ao festim diário.
Respalda os ombros, se sacode de poeira,
recomeça a história que contava.
E a criança, sentada em seu conforto,
pacientemente aguarda. Sorri cúmplice,
imagina o que o velho não contou.
E as mentiras que se sucederam.
Diz-lhe que construiu pontes até o céu,
o anjo que o acolhera era cego, nunca vira Deus,
seu espírito que atravessou desertos largos,
e de bailarinas borboletas que plantaram flores
e lhe deram gotas de orvalho quando agonizava.
Fora guerreiro de um mundo fechado
que as amadas lhe roubaram todo o desejo
de amar e de se comunicar com o coração.

E que o diabo lhe fizera ter um pé em Roma
e outro no Pantanal, atrelado na algibeira do cavalo baio,
tocando o gado do fazendeiro.
Até se libertar não houve mais tempo
de voltar pra sua cabana de pedra, sapê furado de lua,
e ouvir as trombetas que anunciavam aquela criança ali,
tão próxima, tão viva que o mundo, finalmente espera.
Se cada um faz a sua história,
é preciso mudá-la.

ENTRE A FOICE E O MARTELO

O que sou
nada mais revelo.
Não mora em mim
o disfarce que esfacelo
sem ti, no espelho,
em cacos de vidro e dor,
agreste desapego,
tal a foice e o martelo
das revoluções mortas
e sem amor.

Os dedos pregados
em golpes secos,
dentro do quarto,
por detrás das portas,
os pulsos cortados
na lâmina aguda e torta
de apunhaladas juras
que ecoam surdas...
Das abóbadas dos castelos
entre muralhas chinesas
à antiga Rússia,
mistérios das realezas.

Sou inútil andarilho
de uma princesa
à sombra do exílio
e órfão de ti, sem adeus,
mais um cacto deserto...
Na tarde em arrepios
que se ajoelha à noite, o estio

da flor cega que suporta
e deseja o pássaro
na foice dos teus lábios,
e recorta meu corpo
pregado na cruz alta
pelo teu martelo;
tua justiça não se importa
com a ode maldita
de cada minuto que parte.

Nada muda o caos
no meio da arte
porque o coração grita
E de letras rubras, apartes,
absurdos de silêncio
que guardam, enfim,
toda essa imensa dúvida.

DESPEDIDA EM PARIS II

Teu perfume na cama desarrumada
acorda o ar de breve solidão.
Restos do amor que se despede
e que pela janela escapa
na fria manhã em Sant'Antoine.

Ela desce a escada e segue.
Adeus para sempre,
como o mar displicente de uma ilha,
náufrago castelo de areia.

Tiveste o meu coração em brasa,
escravo num calabouço humano,
o teu súdito fiel, rei do querer profano,
a rolar a cabeça na aguda insensatez.

Procuro no chão, a chave do meu corpo
num frio quarto sem revolução...
Um velho abajur crepita, a ilusão queima
um fio do seu cabelo que balança esquecido.

Um buquê de rosas desprende-se do perfume
a cortina se afasta ao vento,
um aceno de raio cortando a penumbra.
Que tombe a Bastilha!
Que se queime a Notre-Dame;
e se dane a esnobe Torre.
Meus olhos solitários à mercê do destino.
O amor ferido, guardei-o no quarto
e tranquei a porta.

MERIDIANO

Saltas no rochedo, a tua onda revolta
num estrondo e tudo se esvai
em frisos de constância e brilho
e a areia do teu caminhar se espalha.

Pendes no ar sob o céu avassalador
como quem grita por alguém
tuas águas que golfam o eco do silêncio
e cede a espuma que se afasta.

De novo, outro estrondo que invade
a face estremecida do furioso portento,
atiras nas bordas, algas e troncos,
correntes e fragmentos do teu abismo.

Súbito, repousas nas grutas
que amoldam a ti, cortantes e amargas,
esse abraço envolvente e impreciso
lapidando as duras faces das pedras.

Breve risco do mundo nos separa
e das pedras pontiagudas de assombro
invade-te o pequeno ninho de atobás
que voam assustados
ao longo marginal dessa infinitude.

Estende-se sereno e de repente
se acalma imerso do alvo firmamento,
esse teu mar de fino azul.
Porque és único e não te cabes
mais do que todo um pensamento.

Tu és só e tão somente a imensidão.
Não choras, não sofres, não amas.
Inútil a linguagem de deuses em vão
se petrificam as extremas ilhas
que te perpassam e te falam confidências
no lastro da areia despida.

O sol ajuda a te esculpir no vazio desse céu,
um murmúrio de luzes esguias nas folhas airosas.
E de azul e de verde e de infinito
eu te rabisco e tu te vestes de um olhar audaz.

Eu, a criança no meridiano que te guarda,
desiderato limite do quintal do mundo
mas jamais te ignora os sábios conselhos:
a maior imensidão é o teu mistério.

És vasto e pleno assim,
a esvaziar-me por dentro o que acumulei.
Assim, como se quisesses tu, fosse eu:
profundo, firme, pleno, mas também ondulas,
devaneias e te alinhas ao seio do horizonte.

Revela-te ancorado sobre a cordilheira
que te move e te joga mais alto por igual.
Sublinha os meus fios frágeis,
o meridiano do teu mar que desconhece
a separação.

DO OUTRO LADO DO MUNDO

Já não moro mais lá
aos pés da imponente mata, a lua
dividida por detrás dos angicos,
tímida em fiapos de prata.
Eu recolhia as folhas secas
que pousavam no quintal,
um resto de céu, de luzes e sombras.

Do outro lado do mundo
ergueu-se a cidade,
suas monstruosas espículas
de pedras, de muros e pessoas exiladas.
E o simples calor das tuas mãos
valia-me todo o universo.
Distante, a sabiá do fim de tarde
regia Beethoven e Bach.

Num risco a canoa me conduzia
de rios e peixes: piau, dourado, lambari,
de algum fetiche de volta pro mato.
Desperto longe, além dos velhos sinos
da igreja debruçada sobre o jardim.
A milagrosa prece
que se irradia dum túmulo perfumado.

A cidade não mudou tanto.
Bares apinhados de gente jovem,
cabeças feitas de telhas de amianto,
prendem-se vagas
nas estátuas de bronze dos candeeiros
ao ar da noite que não se arromba.

Carros voam em frente às lojas:
"Hermes", "Louis Vuitton", "Prada", "Gucci",
Hipermercados à velocidade da luz,
o amor que se vende por delivery...

Os bêbados se recolhem.
Uma placa de contramão indica a rua
a que o mês de maio deu belas flores.
Na porteira que se abre, um cão surpreende
a solidão das casas.

Rara vigília da anta na pedra preta.
Itaperuna;
o tempo parado do outro lado do mundo,
no teu adeus que ainda está lá.
A carruagem de pirilampos
esquiva-se, reluzindo a tarde bordada
de crepúsculo, de carrapichos,
de contas-de-lágrimas e orelhas-de-pau.

ETERNIDADE

Eu só tenho esta noite.
Por mais ardor da alma,
a última prece
da graça irrevogável de te tocar.

Eu só tenho esta noite.
O pouco que me foi dado insiste
mais uma noite,
porém não encobre um lago
do céu de bronze a desvanecer
e, num flerte, a vida e a morte.

Cai a chama do alto
das ruínas ociosas a envolver.
Conta o mundo à tua volta,
este átimo fulgor de eternidade.

Quanto mais ouso contigo
mais por um fio
a vida parece-me sem volta.
E se ressoam milênios,
resta-nos o agora.

A impressão da luz que rola
ao incendiado reflexo que nos aproxima
por este túnel escavado
e que o tempo, em desencontro,
inexoravelmente termina.

Assim guardo-te, como um verso antigo
e por vezes, indecifrável

de palavras que amanheceram
quando da noite longa tenebrosa.

Nenhuma alegoria sobrevive
ao fogo das carruagens dos santos.
Eis tu, que o dia renasce;
postado assim, em silêncio,
no umbral em que se recolhem estrelas.

A LUA ME ILUMINAVA

A sirene toca às seis e é quase noite.
Ressoa tal maré em tsunami
o meu coração aflito que a espera
e de crepúsculo alinha-se o olhar
onde um pássaro voa apressado.
Deveras, acabaram-se as horas
e as poucas luzes se apagam.

Resvala nos rochedos estrondando,
um vento que apavora a sudoeste
quando a lua surge graciosa
ocultando-se detrás de todo o breu.
Implora-lhe a cigarra, em seu lamento,
que a noite seja todo esquecimento.

Mas a noite ondeia quando flutua
e retorna num instante de arremedo.
Assim, impassível, assiste ao silêncio,
a lua que se distancia e se afoga
de imensidão.

Se há uma noite de céu iluminado,
onde estão as radiosas estrelas?
E essa lua breve que não sabe
que a morte também chega cedo?
Longo caminho,
esse que no céu se cruza perdido,
abraçado da noite alta que se deita.
A madrugada brinda coisas do mundo
e de passagem, a lua surge inteira,
numa fresta do lugar onde já não estou.

UMA PONTE PARA O CÉU

Construiu-se uma ponte sob minha janela.
Homens se amontoaram de obra e suor
para que os meus olhos te levassem comigo.
A tua luz não ousara entrar naquela cela, mas
uma ponte para o céu tende-se a aceitar.

E os dias por ali refletiram-se de mar.
Ida e vindas incessantes de chuva e sol;
de pilastras malfeitas que teimavam cair.
De fato, nem era tão longe o outro lado
mas quando se sabe o fim, resta voltar.

Tentei levar-te à plantação de estrelas.
Esquecera que tinhas medo de altura,
das nuvens frias e cinza de que é feito o céu.
Eis-me de novo aqui, com a lua inanimada
na janela, o olhar imerso no horizonte:
há pontes que não levam a nada.

PUZZLE

Sobre as palavras
A criança brinca
E inocente se esquece
Que falta gente
No quebra-cabeça
Que enlouquece
De uma peça perdida
Falta a metade
Que completa a vida

Pula-pula de felicidade
Outra metade
Alegria de se completar
A cada passo
Cada pedaço de uma trilha
Da figura que há
E da vida que simula

E era um pássaro
De encanto e doçura
E era uma árvore
Tamanha formosura
Era... era um gato...
Um peixe no rio...
E era um pato...
Levando um navio...

A caixa de brinquedo
Tinha um sorriso
De sol amarelo
Que dormiu mais cedo

Polichinelo
Sob um arvoredo
Ao som de um violoncelo
Tentando algo dizer

E afinal a noite
De incerteza da vida
Quebra-cabeça
De uma conta indevida
Uma ou outra peça
Fora do lugar
Um inseto que tece
O mato cresce
Outra estrela desce
E morre afogada
Por não saber brilhar

A casa de paredes
Não guarda nada
Uma ave em retirada
Sem hora de voltar
A dor amanhece
E vão-se as folhas
O verde padece
Dentro de uma bolha
Que o tempo colhe
Tudo que ao vento voa

Nenhuma criança
Dentro da caixa vazia
Foi-se o momento
Dessas peças frias
Uma maior que a outra

Não se completam
E falta tudo
E não falta mais nada
Por fora ou dentro
Talvez
Uma ou outra jogada
Talvez
Por fim, acabou-se o tempo.

FLOR NEGRA

Gozas flor, o teu encanto
e te disfarças em riso brando
de seda negro-aveludado,
o lenitivo ardor
dos teus galhos ao vento.

Caso tua leveza ao pensamento
mas se há pouco fado que te espera,
quando de inverno imenso,
lá do alto, um ínfimo astro
brilha-te calor que o amor reverbera.

Voa ao paraíso o teu beija-flor.
Apropria-te de casos e quimeras;
do arco-íris, o ouro que escorre
e que te cobre a primavera...
E a folha vela cada pétala que morre.

De nobreza e amor, eternamente.
E que a cor nunca nos separe
da raridade que o teu seio guarda.
O mundo aplaude o teu encanto:
Minha bela flor, não te desesperes!

Ó flor negra, cálida noite!
O açoite do vento é a dor que valha
e desta taça regada de sereno
acolha-me o desejo: crescer-te a raiz
que o meu coração te espalha.

VOLUPTUOSA BAILARINA

Gentil borboleta que te enfeitas
de paisagem, inundas o olhar vazio.
A cada bater de asas,
meu coração aflito dispara
o pavio de cores que pousas leve,
e de toda a natureza,
tens o fio breve que me guia.

Antes não havia
a flor em botão que tu beijas.
E não te via como agora,
ao silvestre sabor de cereja,
teu brilho alvo que se arvora.

Antes teria sido só ausência.
Um mar sem ilhas
ao teu encanto de inocência.

Mas o beija-flor te repara;
o canário a cantar dispara;
o cachorro para;
o gato espia
e por todos esses cantos,
a luz fosca do olhar
que a insignificância parece convergir.

A bailarina do sol,
voluptuosa contorcionista.
Hábil, te resvalas
por um lençol de nuvens
que o céu te estende e te avista.

DIANTE DE DEUS

O dia que te trouxe me foi brando,
desses que chegam sem alarde,
de improviso; a orquestra do silêncio
tocava a música alegre da brisa
sobre um Vesúvio adormecido.

E como se pedisse paz à relva úmida,
o coro das Vésperas, passos de Deus
em todos os cantos de um sorriso,
uma catedral que nos abrigasse.
O mundo, de repente, fosse um só...

Teus olhos brincavam inocentes,
a criança frágil com o que se há de viver.
Do ressurgir do sol, o teu coração
que lembrava um pássaro ressuscitado
em tuas mãos coubessem o céu e eu,
o equilibrista assustado diante de Deus.

MAS AINDA CHOVE

Esse estrilar de raio calou o alto celeste.
A noite despida de uma clara ordem:
Às tempestades, acostuma-se, se obedece!
E os dias de dezembro são mais longos;
o vento da tarde é mais forte
dessas lembranças rajando a chuva.

As águas turvas transbordam de destino;
a insidiosa garça alçou voo pendente
no galho trêmulo, o ar de essência
elevou-se do perfume da rosa.
Sobrevivemos breve, de beleza e medo.

Envolvidos de aurora rubro-salmão
essas preciosidades que acumulamos;
tempos desiguais e folhas soltas,
saudades de um sol que nos abrace
e como um rebelde sereno,
novamente brilhe diante da antiga porta...
Mas ainda chove.

A VOZ DA AMÉRICA
(Refugiados)

Ouça esta voz, América.
A voz do teu filho
que dormia em berço esplêndido
chora, implora-te atenção;
no copo vazio
o leite das pedras
escorreu como sangue
quando no exílio,
ao lado dos servos banidos,
acolheste nos braços
o negro, o índio, o proscrito.
Todos se foram
e agora, ressuscita-os!

Ouça esta voz, América.
O vento que corre à margem
de um rio turvo de imundícies;
de papéis e pedaços,
ratos mortos e pneus de carros,
de santinhos de plásticos,
o lixo do mundo.
Todos quebram a corrente
que desafia mudança
e onde se ouve o desfolhar,
o lamento dos galhos e pedras.
Enfim, o vento se deita solitário
no colo da tarde violeta.

Esta voz me alcança
como se o coração falasse

da criança que trago nos braços
um dia alto ao raio da manhã.
Algo em mim latente,
nascido do silêncio,
de frases malditas e sufocadas
como nascentes que se cruzaram
em desesperadas lágrimas
e que hoje se tornaram lavas
em meus olhos acesos e exímios.
Há liberdade inexplicável
por todos os cantos
onde a minha alma pousa.

Ouça esta voz, América.
E cada vez mais forte
algo de miraculoso continua
depois que o mundo se deita
no eterno túmulo do silêncio.
Era uma criança linda
cheia de sonhos que bateu à porta.
A mãe morreu de frio e fome.

Ouça esta voz, América.
Sobre tuas casas mal construídas
que se elevam vazias dos teus ombros.
Por mais que cale
a dor do silêncio te molda de tempestade.

E eu ouço a tua voz
como quem canta
enquanto as flores balançam
sob um muro, o teu chão invade
e se enraízam ao te atravessar.

A VIDA É UM SOL TÍMIDO...

Sem poesia, a vida é um sol tímido:
não aquece, não ilumina... finda
sem distinguir o corpo da sombra, resigna,
silenciosamente do alto
e o seu raio tomba, encoberto
ao meio-dia; a hora exata do nada.

Sem poesia, o olhar morre no escuro
a percorrer o vasto e taciturno
espelho do coração, moldado a aço.
Diante da poesia, a vida espera
nua, indiferente à dor e ao fracasso.

Sem poesia, a vida cega se disfarça
em pedra dura de passagem;
trem que passa de uma longa viagem
e que mendiga flores na estação.
O espelho oscila e a memória se dissipa.

Mas como se o mundo falasse
dos versos oriundos de ulnas cicatrizes,
abre-te o lençol de uma tarde a mais
a tua paz, a poesia que doura matizes,
esta fina trégua abraçada de sol.

TE AMO

Fale com ela duas palavras...
Intensamente, a fogueira
que crepita a brasa ao sopro do vento.

Fale com ela, suavemente
à luz do pensamento,
o eco que o coração não para de dizer.

Fale com ela duas palavras:
Inteiramente o segundo
que emerge sôfrego do mar profundo.

Fale com ela palavras de amor.
E fale dela mesmo que só
tão breve como o beija-flor à flor aflita.

O que não se sabe,
um sol que se reparte
e de onde grita
esse silêncio de nada...
Fale.

UMA MOSCA NO COPO DE VODCA

Minha cabeça roda
A cidade roda
Uma mosca morta no copo de vodca
E um guindaste aguenta
A construção desse céu sem borda
Venta, venta e a cidade acorda
Lenta acorda e me acorda
E me traz a corda
Para que eu pule do oitavo andar

A missa do mesmo padre
Mais um dia se abre
E a vida dá voltas sem margem
Volta com outra roupagem
Os erros voltam sempre a errar
O sol emerge de um mar herege
O relógio alerta e me acorda
A perna ainda madorna
Mas o dia se dobra contra a vontade

Mais um assalto às veias invade
E esmurra esse edifício gasto
Cada dia de difícil lastro implode
De sal e areia que o fogo ateia
Ô vida longa sem graça
Dessa cidade cheia
Eu e você roda que a roda passa
De concreto em aço descompasso
O passo sem perceber

No pasto de quadra e quadra
Quadra verbal que me contorna
O que me sufoca de interjeição
Estrada não se pontua, não
Nem se acentua sem poder falar
Exclama clama chama derrama
O café amargo da esquina
Uma rua que nunca termina de andar
Debaixo da roda de algum carro
A gravata aberta do amarro
E a vida é apenas uma só
O desamarro do seu próprio nó

A dor que cura
De agora o pó que a alma cubra
Pedra solta de alvura ímpar
Roda envolta dessa terra rubra
E em todo o universo há
Do que falta pela metade
E tudo volta para recomeçar

SONHO ATRASADO

Agora que a noite passou
acorda o sonho
como sempre, atrasado
moído da esfera
que roda ao contrário.

Vai pelo vão, desvalido
de emoção e fantasia
e toda a vida: a premissa
tem cheiro de tinta
e a desilusão, gosto de nada.

Sobe o dia no ar,
andaime de construção
e a impressão desfalece
o ser impreciso.
Nada difere
a alma, o seu lado liso.
Caminhemos, irmãos!
mesmo que seja longo
o lado mais escuro
que a noite esconde,
caminhemos...

Assim a vaga luz
que se queima
à chama de Prometeu
enquanto a hora,
inexorável fera,
devora cada segundo.

Enquanto Brahms ensaia
o celestial som dos violinos,
à mesa, toca o sino
e não se sabe o porquê,
alguém diz:
— Não haverá outra noite.

BRINDE À NOITE POR MIM

Meus pés estão atolados nessa paisagem.
Os braços cansados de abraçar sonhos;
Minha boca amordaçada de grito sufocado
E meus olhos envelhecendo o coração
Que agoniza, esperando a liberdade...

Os ratos continuam no porão, o mofo acumula
E nas paredes dessa prisão, os dias esgotados
De uma morte lenta, um copo vazio de veneno
O sol agoniza: Lua, brinde à noite por mim!

A criança que sabia onde encontrar o sol
Repete, em fuga: Lua, brinde à noite por mim!

Foram anos difíceis semeados no deserto,
Espinhos rodeando a alma numa pedra...
Um lagarto que escapa da serpente insana:
O mundo condenado de imensidão, continua.

Há beleza reflorescida após a chuva
Mas o encanto ressoa repetitivo de um raio
Luzindo nas águas do mar escuro, até sumir...
Repete-se por entre as frestas sujas da grade,
O ar de chumbo que sustenta a Lua:
Brinde à noite por mim!

O SILÊNCIO NO MUSEU

Quebrado o silêncio no museu.
Diante dos raros espécimes, a mosca azul
rodopiou pela sala inteira, bailarina
de um irrequieto zunido até encravar
sob as pontiagudas unhas pontiagudas
prestes ao golpe mortal
que se eternizou da sua própria morte.

Um tiranossauro, seus olhos vivos de fogo,
empalidecendo o assustado zelador.
Seu grunhido invasor às têmporas lívidas
fez ressalto de pupilas rasgadas e reativas
de todos os outros mumificados.
E despertasse-os da longa *hiberna*
em ato de terror e aflição, o impossível
que se apresenta desafiador.
Aquele amontoado de vértebras vivas
em assombrosos passos do passado,
ressuscitado por um breve inseto.

O caos prolongado numa onda frenética.
Súbito, um curto-circuito na histórica sala
vivente de grandiosidades e a grande explosão.
Fim da segunda chance e do renascimento.
Exterminada a raça humana, a sua própria espécie
restasse um frágil e resinado ser:
a mosca que pende no calcinado lustre,
grávida de tudo,
abraçada da paz depois daquele inimaginável momento.

O TEMPO AUSENTE

Por um ou dois segundos,
achei que o mundo tivesse parado;
a paz, reinando absoluta, estática
diante da florada do branco ipê,
exultante à janela em que desvirgo o mato.

No galho mais frágil e retorcido,
mil cachos e mais cachos de beleza
a dizer num estupor sorridente:
— Oi, Raimundo, o mundo dá voltas
e apesar de tudo... a natureza
que nos perdoe o tempo ausente!

Voltei como voltam as promessas...
A luz das águas do divino amor,
o canto dos pássaros ao entardecer.
Um ano passado. Esse ar cansado
da palidez do meu rosto;
essa terra ferida, marcado desgosto
de um mar absurdo aos pés de uma ilha.
E eu que já não esperava, súbito
e de encanto, perfila o olhar em doces
entremeios de ilusão e esperança.

Por um segundo, esqueci-me de mim
e do jardim estarrecido, submisso
da flor que ao vento balança,
ouve-se o trino das asas do beija-flor
em rápido aviso,
um recado sutil e definitivo:

— Bobagem, Raimundo!
Só param por um segundo:
o mundo, o tempo, o amor, a flor...
Mas a dor não para de se reinventar.
Sem esse ou aquele artifício,
na verdade,
o mundo não cabe no olhar,
nessa flor do ipê-branco
e dissesse ao céu para esquecer.
Eu e você,
somos humanos de pressa e vício,
nem se sabe de flor e de bicho
e que tudo passa sem nos avisar.

POESIA INACABADA

Sempre me faltará um verso;
Talvez a terminar o início
Da poesia crua com que eu me sacio
À espera de todas as coisas:
O vai e vem de um vício...

Não se apressa o nascimento
Nem de onde vem a criação
Se do esculpido coração ao vento
E de parto a fórceps ter nascido.

Os poemas nascem da morte.
O que pode mais que o renascimento?
Sorte e lógica se confundem
Quando a noite cala bem mais
A alma de infindo alento.

O existir tem significado
Quando se abraça das intenções
E pode a fé ser legado
E só ser o que é...
Do que pode negar todas razões.

Cede o galho seco, desfolhado
De outono pelo caminho...
E a poça de barro do rude espelho
A refletir aves despidas
Refazendo o antigo ninho.

Junta-se a abelha à flor,
Falta o mel que da vida saboreia;

É como uma casa sem telha,
Esta poesia inacabada: uns versos
Que falam tanto (contam estrelas)
Outros que não falam nada.

CÓPIA INFIEL

Todo mundo imita.
O mundo segue um modelo tosco.
Pior quem pensa ser estátua;
corcunda espícula,
pouco excita, perpetuar-se,
a cópia de si mesmo.

Desgastado ao tempo,
bronze oxidado de fezes dos pombos,
mudo desatento dos passantes;
à sombra oca dos pensamentos, arde.
Há arte em restos de escombros.

Nada de novo no "bom-dia!"
Até o raio de sol amarelecido, parece contorcer-se
na sombra das mãos da mediocridade.
Vitrines, o ar parado, sinal fechado, luzes da cidade,
um raio que me atinge tantas vezes
e cega-me a face.

Nada é original!
Carros que atropelam
a fé que se desfaz. Agora, te aguardam!
A humana divindade que assombra os altares
teu passo em falso, o teu cais
sob os olhares atônitos dos deuses.

Assim, no papel, te descrevo,
Mas as palavras mentem na pedra dura,
modeladas do nada,
da ilusão do que está vazio.

E o que salta das ideias, em alto relevo
é um rio das intenções mais puras.

Repara-te;
a tua vontade paira na prateleira.
O que dizes também passa;
o que guardas não basta à tua fome
de fazer o mesmo, virou hábito que não sentes,
o laico futuro do que passou e some...

O CORVO

Como quem espera a morte,
atento no alto, observas
o trem que vem e que passa,
a fumaça que sai da lata de lixo.

A vida distorcida te espelha
no vidro quebrado, respingos de sol
do alto de uma velha telha
e pela janela, o apito do trem avisa:

A tua casa é o céu do lado,
na contramão que leva o tempo.
Os passos passam apressados
que as aves caçam e tu retornas
como um sol que venceu a noite.

Arrasto dos redemoinhos,
o ninho e a vida em alvoroço;
pousas num galho tortuoso
de frenesi que do mar assobia.
E tu que do alto espias?

Não vives do que te move.
Não cantas, não encantas, sorves
tão só a carniça do mundo
e os restos de alguma alegria.

Um olhar ágil te mira do bico torto
sobre a estação que nos separa,
agoura a noite que descamba
e prenuncia o porto da longa estada.

Assombras da carcaça do barco
a sinuosa dança de calmaria
e ao tempo certo da nuvem fria
vela a luz que te recolhe alta...
Mísera a sorte que alcança.

ILUSÃO DE NATAL

Um azevinho, resiste o novo ciclo
de frutos e flor na varanda
como se adornasse a noite fria
que adentra à copa e ao corredor.
No espelho, o seu silêncio cai
acariciado por uma velha poltrona
sob a moldura de família.

Risos vindo da ceia, das garrafas
e dos copos vazios se misturam
e escapa da lareira um sinal de fumaça
em código do visitante que virá.
As crianças se entreolham incrédulas,
de cartinhas e esperanças...

Um sino que dobrou à meia-noite
tornou um pombo assustado,
ruindo a harpia pegadora de sonhos
e reacendeu-se na encruzilhada,
a música das ruas em neve, da chuva fina,
onde luzes encantadas enfeitam.

Alguém solitário caminha
como se nada acontecesse, absorto
no inexorável sonho do mundo
e uma revoada foge mais ao longe, ofuscando estrelas.
No ar, não haverá guerra nem paz,
mas a ilusão é tão leve, uma bailarina frágil
que se veste das asas.

UM LIVRO NA CHUVA

A chuva veio súbita e antes de mim...
Pegou-me distraído e sob a blusa
os pensamentos de um livro que escondi.
Assim como sufocar um rio, o corpo no cio,
é resistir ao calor das ideias.

Calei-me o mais que pude; as sílabas
dos meus versos cúmplices e perigosos,
ressoam pingos de explosões progressivas
a espalhar flechas e fogos no ar parado.

Mas, meio às trevas, as ideias viram rastilhos
e a luz cega, no vértice, se deita
em esquifes sobre a água
guardando o vazio dos olhos que não falam.
Até findar de vez a chuva...

O dia se abre em um livro
úmido, mas intacto.
A cada passo lento, uma página se passa
e muda de direção, o Sol.
Uiva por detrás das nuvens escuras,
entre ruas desabitadas de sentimentos,
o Vento nele contido.

DE BRANCO E GELO

O vento que beijava tua face pálida nos Alpes
ressoa ríspido, entre as pedras escondidas de neve
e os nossos segredos não foram palavras mortas
porque de ti retorna a face esculpida de nuvens
na lenta solidão que me sorri e de mãos dadas
todo o céu apreciando o nosso silêncio.

Do alto contemplo a vista;
a redoma celeste que se alinha aos olhos,
estende-se gentilmente no espaço ilimitado
de todas as direções sensíveis,
o coração e a alma
apossando de mim um tempo consciente
de paz que reza entre a morte e a ilusão.

Éramos jovens, asas abertas com o tempo.
Uma ave que se distancia e passa breve
sobre um lago imóvel,
prende-me o olhar ao destino incerto.
Rabisca teu nome no fundo azul,
um galho quase sem sombra, refúgio de aves
mas não te afloras, não te ressurges
no corpo frágil da flor que nasce.

Palpita o eco da memória...
Teus seios em conchas ao fogo da tarde
cobrem-se de lavas sobre um verde vale escuro.
Outra placa das geleiras se desgarra
e cede ao sol tímido que parece outono,
daquelas tardes sibilantes de branco e gelo
que se misturam no findar das horas.

O CÉU VIVE

Arrepio inocente da criança tonta,
a Macabéa, frente à cidade afrontada;
ágil nocaute no coração se apronta,
doce menina afeita aos vagalumes
no limbo do sertão de noite enluarada.

Da sede ardente, da alma pulsante
de barro seco do chão agreste,
refeita dos nós de raízes escarnecidas
eclodem estrelas no céu-aclive
decomposta luz no sorriso ao vê-la
e dá-me a certeza de que o céu vive!

Em passos opostos à direção sonhada,
separamo-nos entre carros, espigas de aço,
luzes e mais luzes sem as nossas sombras.
Entre nós, gigantes tsunamis, ondas e ondas
e ainda há esse vale de águas turbulentas.
Nada clamo para ser exato às corredeiras...
Bebo do veneno que tinha medo.

Vivo da imprecisão e inquietude dos olhos;
do intervalo entre cada estrela perigosa.
No espaço entre o que eu procuro e acho,
aprendi a rezar por ti à luz de um facho
do lampião que ilumina nossa antiga casa
e pelos cantos, algo do amor que sobrevive.
Onde, em cada um de nós, o céu vive.

ENTRE A NOITE E O DIA (DÉJÀ VU)

Ar de certa cumplicidade, a casa vazia
como se fosse a minha alma;
desfilo passos no escuro ao eco ofegante
do dia lá fora. Nada é estranho.
Estamos gravados em versos mal escritos
um poema inacabado sob o abajur da cabeceira.

Entre a noite e o dia.
Acordo de um pesadelo,
mas a aurora que te ressurges
traz os mesmos gritos de apelo,
um choro mudo na varanda.
De sol, chuva, flor do cerrado, a brisa;
confidente tarde revestida de cinza.
A adoração ardente dos anjos
que circundam a sorte.

E o sol insiste, quase um murmúrio
como um pássaro ferido
que teima o seu voo na imensidão.
De joelhos te recolho
a pluma que cai desenhando tua forma
fazendo gestos de apelo no chão
e brinca de esconder nesse espelho
dos meus olhos incandescentes.

Um *déjà vu* para quem esteve tão perto,
bem perto da suprema felicidade.
Apesar de ter cometido erros, não me omiti
nunca fui covarde... Isso é o que move
as nuvens do Paraíso ou do Inferno
dependendo do dedo final sobre as Escrituras.

EU TE AMO EM SILÊNCIO

Eu ainda te escrevo palavras de amor.
Invisíveis como o ar
ou apressadas de intenções;
e ensejo-me do porquê
numa carta simples caber tanto desejo.

Eu te escrevo palavras de amor
vindas do coração,
ainda que a última carta tenha voltado
por endereço inexistente.
Ou, talvez, tu tenhas te mudado
enquanto eu a escrevia...

Algumas linhas sombreadas e tortas:
eis o meu horizonte embaçado de poente.
Pela janela, o carteiro parado e gentil
aguarda, inútil, a resposta do remetente.

Tomo mais cuidado; capricho na letra,
o meu nome junto ao teu
num envelope escavado de alma
e selado de sangue,
as finas bordas que o vazio habitava.

E ainda em breves instantes,
essas são palavras que me afligem.
Palavras de amor, ecos distorcidos,
braços de vento que ondas ressaltam
na areia da nossa praia imaginária.

E por milênios reconstruídos,
nova construção no terreno antigo.
Assim as palavras...
Avolumam-se, perfilam-se, pulam
como crianças em um jardim
onde mal se ouvem os sinos,
tal a gritaria de felicidade.

Embora tantas conjugações
de um verbo intransitivo,
amar e nenhuma frase diz nada
se da alma só trai o silêncio.
Uma vez ou outra,
eu te escrevo palavras de amor.
Rabisco-as num muro,
e em segredo recolho-me ao privilégio
de te amar em silêncio.

A BELA FLOR DE CACTO

Mãe, consola-me
a prece da inevitável sorte: ter-te um dia,
a eternidade do universo
no corpo frágil que sustentas.

Do desconhecido, trouxeste-me
e a Ele tu retornas ao brilho celestial,
à face serena do Pai
que te transcende e te liberta da mortalha
como a folha que brilha na chuva,
ilumina-me de ti,
da tua alma que ascende sobre o corpo
o que a terra abraça e te seiva.

Mas o teu ouro, guarda-o,
presente em cada raio do alvorecer
e assim renascerás da pedra dura,
a fortaleza dos meus sonhos,
a tua fonte de água pura.
E que nenhum tempo há de corroer
teus ossos que equilibram o meu mundo,
de justiça e de esperança.
A simplicidade de todas as coisas
está na ignorância do saber.

Como o esforço hercúleo de uma formiga
que arrasta o corpo esfacelado sob a folha,
uma delicada teia que prepara a ceia da aranha,
um véu rasgado de noite, desprezado pelo sol.
Viveste assim, esperando algo acontecer.
E assim os pardais rebuscam a relva

saltitantes sobre a tumba
que te guarda como se voar fosse dos sonhos
e o que se prepara para te conduzir.

Tu existes e resistes em mim
e a ninguém hei de culpar a tua ausência.
Se sofro, vivi antes de ti,
da felicidade efusiva e única.
E ainda estás lá... do outro lado da rua,
em um jardim de orquídeas, a flor de cacto.
Ressequida e empoeirada numa curva
por entre morros uivantes e sinuosos.

CORAÇÃO DE MARESIA

Ancora, marcado de maresia, o coração
ora no sol, ora no limbo
da noite que recai sobre os destinos.
Ela tornou-se tão misteriosa
que jaz num endereço amarelecido
e se lhe oculta tanto o amor
não me leva de fato onde está.

Do bronze gravado no seu imo
soa um sino, áspero das horas e cego
do amor que me tocou um dia.
Procuram-lhe os meus olhos à luz do abismo,
estremecidos sons dos seus batimentos,
da imensidão arredia na quilha do barco
pelo mar exposto a céu aberto

Retorna-me de você o silêncio,
esse som arrastado dessas correntes.
Não teve o limite de onde aportar,
esse seu solitário voo, a gaivota esguia.
Adorna suas asas sobre o mar
de névoa esse amor misterioso
e segue em frente no seu pretenso dia.

HORA DO PARTO

Parto.
Dúbia palavra de ida e vinda
que a gramática não previu.
Se nasce da solidão corrompida,
vem extemporânea
ou prematura ou infeliz.
Poderia então ter te esperado
e assim tu trarias outras palavras
quem sabe mais amenas,
mas a outra volta da fechadura
seria-me excessiva
pra te guardar o vazio.
Então, parto...

Um recém-nascido
tão esperado
ou o parto do suicídio
de um amor esfacelado:
quem bate na porta a essa hora?
Tudo por um fio...
Nascer ou morrer, tão factível.
E, do medo que ignora
numa só palavra,
o que ri ou o que chora
na hora do parto...
Basta do imprevisível.

DE NOVO, A FELICIDADE

A felicidade, este girassol solitário
no campo imenso de centeio;
pende a tenra folha de vento e orvalho
à claridade da luz no entremeio.

Se não te vejo, imploro-te sobrevivência,
mas certo deveria plantar-te em mim,
tão firme que o vento finja ignorar-te
porque ele sabe da própria impotência.

E te ressurges, ávida face amarelecida.
Se evapora a vida da essência pura,
o alvorecer das poucas transparências,
tende à claridade as coisas obscuras.

Traz-me esse céu azul-claro brilhante,
refúgio desta noite que morre silenciosa;
ouve-se teu crepitar de planta graciosa
que cresce por todos os vales distantes.

E traz-me esse céu azul de felicidade.
Deusa! Esse arco girassol da tua juventude
e que *fresta* os olhos onde o sol nasce
empresta-me a efêmera alegria que te ilude.

VOO ILESO

Não busques abrigo no alto
desse céu de azulejo
tal uma ave diante do tiro
voarias ileso outra rota.

E não enganes teu coração
nessas nuvens frias,
o sol embaçado de morte
nas áridas pedras do atol.

Num relance a vida se esboroa
ao mergulho do teu raio
ágil bico num entorpecido inseto
e um olhar agudo sobre o mar

Parece que me olhas assim, nós dois
escravos de um sonho fracassado, a vida
que se lança ofuscada do entardecer
no abismo de nossas vidas errantes.

Às avessas senti o teu olhar pousado no meu.
Como dois pássaros
que sobrevivem dessa encosta
o que se desfaz do oceano e do destino.

Borda de vazio a escuridão que se aproxima.
A brisa do oceano cede
à solitária violeta, pêndulo de exuberância
saldando o fogo afilado no horizonte.

Do alto, a terra é uma só.
As fronteiras por um vão estreito

ignoram-nos se culpados:
os recomeços salvam-nos do exílio.

E o meu corpo se molda silencioso
a esse pássaro num átimo de bater asas
como essa flor que balança
suas folhas vazadas de estrelas soltas...

É hora de ignorar, tentar subir,
do caniçal barrento que ao mar deságua
e dele se arrasta em pegajoso rastro
uma pequena e camuflada sépia.

É hora de sobreviver.
A revoada se assusta em fuga
ao estalar da tempestade,
a ilusão se entrega à serenidade da luz.

Mas tu o sabes, nada será eterno
que se desvie da rota principal.
O caçador, os tiros atingirão a inocência vaga
do amor indecifrável de nós dois.

Esse claustro de pedras refletidas
tem nossas almas expostas, refletidas
que num último voo será atingido,
mas há tempo de voar contigo.

Teu voo rasante e te mergulhas com afinco,
segundos de morte e te ressurges à tona
talismã da tua conquista, um peixe
que se debate inútil em teu poderoso bico.

Eu também, quando mísero de alma
e de fome, tentei derrubar-te
com as armas que nos atingem agora, fui sombra
desses dardos pontiagudos da ignorância.

Mas refeito da lucidez, meu corpo pleno
mesmo longe dessas colinas
e assombrado de nuvens tecidas de solidão,
tem no teu arfar o meu sorriso disfarçado.

Essa casca dura me manteve a aparência
e resistiu ao desprezo do mundo;
de eu ter nascido sem as tuas asas
e tão apenas, com o teu mesmo desejo.

Tua imagem se insinua no fundo da tarde
e desafia o amanhã obscuro.
Ergues-te e avanças sobre o mar inconstante
e não olhas para trás, até te perder de vista.

FADO

Minha alma é fruto da terra; a vida
do universo que emana seu fado:
se contasse os degraus da subida
de fato, jamais eu teria alcançado.

Pendem-me estendidos no único galho
a loucura e a luz doce que a acaricia,
e a mais longa rua, um breve atalho
que na mais ínfima flor oculta poesia.

Escreve em árvore sua camada dura;
o intervalo que falta da última história
como música que alegra a amargura,
fogo exato que acende velha memória.

Só e eis-me à noite, a falar de sonhos,
seu copo de vinho de sabor amargo.
Assim o fado desse mundo medonho:
em noite alta, a lua me serve de afago...

As estrelas, grilos, lírios e a madrugada;
como foram tão meus companheiros!
Ó, Deus misericordioso! Deste-me aliada
a mim, mais alma que o corpo inteiro.

O DESERTO ENTRE NÓS

A distância não se basta
a separar palavras dos sentimentos.
Vê, tua linda face no retrato
enfeitam-na de alegria,
as espinhosas flores de cacto.

Às vezes, fere mais o silêncio
do frio desértico entre as fendas
que a algazarra das gralhas
sob um leque vistoso de penas.

E a patativa recolhe o seu canto
aos sons escapísmicos dos trovões;
paira o céu do estupefato santo
que sustenta o ar pesado de ilusões.

Assim as palavras me calam,
como um raio por ti arremessado.
Do alto, tu pareces uma deusa
que desdenha dos teus súditos
em palácios de nuvens indefesas
e ardem ao sol da tarde, rubro.

A morte delicada toca no relógio
que eu guardei no bolso da camisa
e me ignora o grito no escuro.
Dos momentos vividos de brisa,
a eternidade é puro resto de tempo.

Ah, o meu amor solitário!
Não esmola atenção e carinho

e se acaricia o dia ao vento,
sozinho, mais de ti me distancia.

O BEIJO DA NOITE

O ardor de fogo nos teus lábios
exibe a flor aos olhos do desejo,
raio que me cega, tempo que dura
o sopro da noite num cálido beijo.

A tua boca me impõe que degredo?
De meiguice louca, um riso brando
que se guarda sob o teu manto,
traz a estrela cadente entre os dedos.

E ao sabor da paixão desesperada
que no alto mar some afogada
e te ressurges em mim, em segredo.
Ó, noite alta, iluminada!
Te amar assim é o que tudo importa.

Incenso do coração carente,
suspenso nesse ar de quase nada
prende-me assim, tão docemente
no turbilhão da hora expirada.

Do arrastar sonolento dos astros
e das correntes que rasgam o vento,
rompe-te o véu, pende-te vasto,
o agasalho luzente a me envolver
e te estendes sobre a rua
como o orvalho no amanhecer.

MENTA COM CHOCOLATE

Um dia,
no parque da cidade,
à sorte
de casual afinidade
além do bem e do mal,
vimo-nos
e trocamos poesias no olhar.

Ela
também gostava de gatos,
música e teatro,
de Platão a Nietzsche,
a filosofia;
e me fez provar
menta
com calda de chocolate,
na mesma sorveteria
em que eu já provara
passas ao rum.

O tempo parado
num quadro de Renoir,
de rara noite escura
celebrava estrelas ruivas;
alvas pintas
bordando a lua.
E de repente,
todo o universo.

Não a esperava,
minha alma

sorridente,
iluminada no outdoor;
no painel da frente,
com o escrito engarrafado:
Amor,
de tão belo,
há de ser ressuscitado!

HÁ POESIA NO ESCURO

Sobre o mármore tu sustentas a flor
com as mãos em prece que me acaricia
e aquece o vidro embaçado por onde me vê partir.
Ah! Se eu pudesse, eu te esperaria!
Mas a recordação não antecipa, apenas segue.
Então, estou indo...
Em partículas fluidas da noite,
enfeitado da doce harmonia dos teus passos,
como lágrimas sobre um lago.

Vão-se meus personagens
acumulados na minha cabeça confusa
de escrever sobre nós, em letras miúdas.
Fui vagabundo dos compromissos:
agora são tuas, todas as coisas inúteis que acumulei.
Deserdado do amor, órfão de ti,
fica o mundo privado do calor febril da nossa presença
e desatado das nossas sombras gêmeas,
ingênuos regentes de grilos e sapos.

Mas há poesia no escuro!
Talvez volte a escrever poemas bucólicos,
primaveris, recatos de alma
e a rever-te nas palavras que não li
mas que esperarão em silêncio.

DESENCONTRO (À SOMBRA DE MIM)

Andas sem minhas pernas;
vês o que me cega,
ainda sinto minha, tua solidão!
Estendo a ponte, segues um rio...
Meu calor te dá frio
ou não te aquecem as minhas mãos.

Sigo a noite, segues o dia...
Minha fé não te irradia,
tudo meu é o teu nada!
Se cruzarmos a mesma estrada,
dá um jeito de estar na outra calçada
pra nunca termos de nos encontrar.

O dia não será o de antes.
Já não bebes o meu sangue,
nem é minha roupa que tu vestes.
Então, por que te quero tanto?
Em cada pranto, em cada prece,
só peço ao dia mais encanto,
neste dia que te entristece!

CAMINHO SEM FIM

Mistério do nada
nada da vida
vida de sal
sal do oceano
oceano de lavas
lava do rio
rio da pedra
pedra do chão
chão de poeira
poeira de barro
barro de telha
telha de casa
casa de cacos
cacos da chuva
chuva do céu
céu sem abrigo...

Abrigo de sonho
sonho de lua
lua do vale
vale da tarde
tarde da ave
ave do galho
galho da seca
seca de raio
raio de sol
sol do arco-íris
íris de ouro
ouro da sorte
sorte dá morte
morte dá chão
chão dá caminho,
um caminho sem fim...

ÁRVORE SENTINELA

Tens um ar aflito de quem carrega
o vento nos teus galhos;
da tua névoa, vestido branco,
o seio farto que se aflora
do verde ombro, o mundo ancora.

A luz da manhã te penetra e treme!
Ignora teu pulso ferido, a trilha cega,
o céu onde se acaba nu contigo
e te revela pedra, o escavado íntimo.

De ti nasce a doce água que vive.
Te seiva e te renova a cada rama
a terra, o mar, a chama que a lua exila
d'ouro da montanha onde habitas.

És minha mulher sentinela.
E sonha e chora o que o desamor grita
quando desprendem de ti a sombra
e já distante, se te parece morta,
és tão só a casca o que se mostra.

LUZES DO FAROL

Fracas luzes se reacendem do farol
e agora percebo que estamos ilhados
num barco aos pés da noite pelo cais;
nossas faces amortalhadas de marés.

Acolhe-nos a penumbra que se afoga
entre um e outro ágil facho de luz,
a trama do amor que descora ao tempo
ecoa nas pedras, insone de tudo.

Em lastro de prece sobem as marolas;
incansável, o retesar do vento nas folhas.
Aos poucos, as luzes rabiscam cores.
Inútil farol, castelo de sonhos insensíveis.

FIM DE ESTAÇÃO

A chuva cai sobre as montanhas,
torrencial e oportuna nas pedras das encostas
e não há mais que o silêncio
entre as curtas folhagens que insetos abrigam.
O cheiro do mato reacende
por detrás da névoa suspensa
e tua imagem que baila ao vento
jorra de esperanças vivas.

Flutua como um lento pássaro
movendo a nuvem pejada e todo o céu
em dilúvio;
não mais chove em meu pensamento.

Pousado no olhar, a lentidão do sorriso
de quem libertou-se do solitário ninho,
e teria agora toda a eternidade aonde fosse,
mesmo entre raios de fios cortantes
ao largo do céu sufocado de água e estio.

E como se me dissesse:
— Cura-te dos escárnios, terra padecida!
Os descuidados passos que a feriram
hão de se calar ao barulho dessa trovoada,
essa música do mundo.

TESTAMENTO

Não sei de fanfarras nem badalações.
Não me foi permitido viver
na multidão de perinatos e repetentes.
Apenas tenho o habite-se
que me permite pensar e já é o suficiente.

Não soube expressar a dor
de quem sonha em ser livre.
Não invejo os poetas que cantam.
Sabe Deus o momento certo
de agradar toda a multidão de transeuntes.

Escrevo numa folha de ar
que eu mesmo expiro
e uso a pena que me doam de soslaio...
Não me sinto amargo,
mas aquele sabor amargo me aguça o tino
e de arrepios, morro a cada dia.

Mas é só e não desisto.
Resisto entregar o meu ouro
a um monte de terra o lixo
dos meus pensamentos mais lúgubres.
Deram-me razão os cardeais
ser aprovado no exame do dia final.
Assim me autorizam por inteiro
viver devorado pela fera oculta de cada dia
que reveste os anjos de aparências.

A LUA NO CHÃO

Ó, lua da canção dizimada!
Jaz o céu sobre teu abismo;
Ora abrigo de paixão alada,
Agora um mar de ceticismo...

Levita-te de um ar nu e seco,
A noite pálida que tu zelas;
Lua içada por onde me perco,
A me guiar num barco a vela.

Porque te afastas tão triste,
Longe dos olhos perdidos?
Será que o amor não existe,
Ou só a dor que faz sentido?

E arde-te assim, chamas frias,
Tua pedra preciosa da ilusão...
Que reclama da dor na poesia
E te derramas o céu no chão.

DE VOLTA AO PARAÍSO

Minha vida redemoinhos a trariam de volta,
ao primeiro ar da manhã, ainda com o céu imóvel.
Em cedro-marfim, num descuido dos anjos,
do esquife nobre escaparia meu corpo.
Suspenso por um gesto,
torto de luas desertas nas clareiras das raízes
me ressurgiria junto ao mar.
De novo, a estrada caberia meus passos,
esse sonho de ti que ainda espera
nas profundezas onde o eterno é agora.

Envolto de poeira e dos astros,
da retorcida lua detrás de lânguidas árvores,
a história acender-me-ia o fogo.
In memoriam, crepitantes momentos vividos;
o nosso amor, que por séculos perdura.
E faiscariam todos os sentidos:
retornar-me ao paraíso que há na Terra.
Talvez atrasado, por não saber das horas:
se Setembro, e por entre os galhos
uma ave chora...
Ou, talvez Verão,
e com as chuvas indo embora,
as cigarras é que clamam seus tormentos.

CANTEIRO DE VENTO

Beija-flor que se verga assentido
do sol de meio-dia, aflito
entre o pé de manga e um limoeiro.
No canteiro, ao ermo olhar,
uma solidão de folhas
e de ressequido carrapicho
reinando no quintal.

Era deveras outono, o caminho
de pedras e sementes
espalhadas ao largo do rio
e foste o meu melhor fruto
num céu sem abrigo.

Teus versos brandos eu aprendi
no coração das bananeiras,
com a chuva que se divide na face
em risos e lágrimas
este imperceptível tempo,
ora cruel, ora noite, sempre constante.

Nada te fora secreto
como um cesto de feira repleto
de amor, coragem e poesia,
as tuas preciosidades
na juta trançada ao calor suado
da mão que domava a terra
e acalentava-me as noites longas,
de monstros e de fantasia.

O amor, mais que a ti próprio
e além da força do pensamento,
um canteiro de brotos e raízes.
Ao vento, a canção que se move
é um pássaro que se ajeita
retocando as asas

À ESPERA DE UM MILAGRE

Acordo como se ainda dormisse
e me visse pelos vãos
das grades filtradas de sol.
As noites são mais longas que os dias
e as madrugadas estendem-se frias, eternas.

De vez em quando, ouço o ziguezague dos pardais
sobre os muros da masmorra,
as torres da guarda não detêm a liberdade das suas asas,
um fio à toa do ar que me sustenta em pé,
aos olhos atentos do carcereiro.

Um burburinho que vem de longe
assoma na suposta manhã
e aporta à vista que guardo do mato,
o cheiro e o suor oleoso das pessoas.

Tal o arrastar das horas estala
como fritura de vagas lembranças,
num turbilhão que se assenta
sobre o chão úmido e fétido,
por onde circula livre, sob olhos crivados,
o ventre prenhe de uma barata.

A liberdade que aqui se esquece
não brilha e de tão guardada,
a posse do ouro se desvaloriza.
Ela usa agora do meu corpo
e dou-lhe a minha carne
tostada no espeto do banquete real,
servo de julgamento pronto

que me prende por detrás das portas
emperradas de correntes.

No limo, à sombra do sol do meio-dia,
veste-se o silêncio cansado
do passar grave dos sapatos em riste
e assim todos caminham à forca,
enquanto eu espero por um milagre.

ÊXTASE

O licor dos deuses em tua boca
Numa Taça de cristal enfeitada,
Nenhuma cicuta em todo o Reino
Teria apreciável veneno!

Os longos dias de neve se esvaindo
Da lareira que crepita em brasa
E pela brisa entorpecida da noite
Ao Fogo me dou...

Um êxtase perfeito de eternidade!
Tão breve a vida é a morte:
A abelha solitária, bêbada de mel,
Exausta diante do Paraíso.

Acena a flor ao glamour de chegada;
Os anjos que me abrem a porta
Jamais viram a face da felicidade
E abraçado de sol, dou-me por vencido.

ALÉM DA LUZ

Bonjour, poeta!
Bonjour and goodbye!
Tu desces do trem
E já se vai;
Eu sei, tu sabes
É preciso ir...
Além da luz discreta que cai,
Há um morro íngreme pra subir.
Que ave te eleva ao céu?
Que onda revolta o mar?
E se a noite o dia encontrar?
E se o coração do mundo parar?
Não, jamais pare de sonhar!
A vida anda deserta,
Até demais!
Bonjour poeta, *goodbye*!
É preciso ir
Porque o sol ainda vai voltar.

MÚSICA AO VENTO

Ela abriu a porta
como se tocasse música;
seus olhos brilharam encantados
dos sonhos adolescentes
que cresceram.

Tivemos assim, nas mãos,
um piano antigo,
acorde por acorde desferido
daquela música alegre...

Fomos felizes de verdade;
o tempo necessário
que parou nas plantas da varanda
e nas paredes descascadas...

Não se cansam de repetir:
todos foram embora
de prazer e de destino,
a cada tecla de batida cruel.

Ficamos nós, a sós
naquela casa, na velha mesa,
um encontro ardiloso
do amor no século atravessado...

Teus cabelos e os meus,
fio a fio, platinados
contando a história longa
no verniz manchado do piano.

Estronda, piano! O carinho
ainda mora em sustenido e bemol,
a canção submersa de poeira
que nos resigna. O amor perdoa!

E descemos as escadas
ao ranger das tábuas corridas,
o galope festivo do mato
em volta da casa
que nos esperou vivo todo esse tempo.

INOCENTE SEDUÇÃO

Teus lábios túrgidos,
vesuviano despenhadeiro,
noite imperiosa!
que cai silenciosa,
ao chão, o céu inteiro.

Eu, tantas vezes deserto
nesse cacto sem água
e tu sorris da minha sede
à sombra de uma miragem.
A inocente sedução,
escrava da tua malícia
em súbita aflição...

Para que preciso da tua noite?
Dessa negritude assombrosa
que não cabe à sombra
de uma vela na página virada;
alguma palavra por dizer,
teus lábios entreabertos de raio
que te parece esvanecer
a estrela que suporta... e se cala.

E o silêncio diz que és minha
a cada estreita rua que se apaga;
noite, noite despedaçada!
Leva-me o sono, a vida
que naufraga no mar vazio d'água,
meu abandono de te ver
morrer assim com a madrugada.

BREVE DESPEDIDA

Um anjo cruza a abóboda celestial
e aponta-me, definido, os olhos negros
e os cabelos rebolidos, este velho conhecido
aqui na Terra, de algum instante deserto.

Uma breve despedida, tempo escasso,
como os pássaros no entardecer.
A vida me foi farta de lutas
mas construí muros de angústias
onde pousavam borboletas
poucos galhos eretos, em súplica
de uma chuva que ainda não veio.

Construí vãos entre afagos e despedidas
quando a noite habitava insone
e não jurei testamento e obediência.
Da Sagrada Escritura, lê-se um versículo:
latim ou talvez grego
soa igual sentido quando se amontoa
num cubículo, a vida que tantas vezes foi ironia.
Por direito, uma taça de vinho e brindo-te!
Ao mendigo rico,
Aos pobres míseros,
Aos infelizes pustulosos,
Aos poucos
que me banquetearam alegria...

A ti, amor, a última flor
dessa estrada sem saída.
Aquela velha trombeta
tocada nos últimos instantes

e que assoma ao ar, suspenso de chuva.
Esse falso azul
que se junta às nuvens escuras.
Um raio que desprende:
o céu risca,
acende, surpreende
e me ilumina.

A ESPERANÇA E A SAUDADE

A Esperança tem asas
Que pousa na alma
E canta sem as palavras
Quando tudo se cala;

Abraçada com a saudade
No vendaval é ouvida;
Supera dor da tempestade,
A pequena ave perdida...

Deixo-te acesa por um fio
Meu coração tão quente
E só frente a esse mar bravio
O pó vela a terra ausente;

Sinto-me eterno ao teu lado
Ainda que um oceano separado,
Saudade! Por mais estranho
Estar juntos em extremidades:

Ouça esse pássaro, esperança!
O Amor não vive de retalho
E se a triste saudade te alcança,
Faz volta o mais curto atalho.

RUMO ÀS ÁGUAS

Sob a lua que ainda balança insone
entre vielas e vértebras de paredes pálidas,
palpita o seu beijo esquecido às escuras
nos montes dos lábios tesos de Teresa.

Um raio pactuado com a tempestade
se insurge diante da noite, do ar mutilado
que sustenta um suspiro e ainda sonha
seus olhos queixosos e úmidos
por ter que se deixar partir.
"Teresa, vou rumo às águas...", ele disse.
"Ao fruto que o mar me oferece,
ao suor das mãos, a rede em prece
esperam-me as águas... Enquanto amanhece."

E desperto das cores dos candeeiros acesos
das sombras solitárias que se ergueram
harpeadas de féretro silêncio;
dançam como pétalas tontas ao vento.

Longe do vilarejo, o pescador ao mar;
ao desalento das estrelas derramadas inúteis
por que ela ressurge das noites de solidão...
E mesmo quando todo o céu é puro breu,
livre de anjos e demônios, o amor
se guarda silente na pedra dura da sua existência.

Teresa está no olhar, no seu corpo, no seu cheiro.
Reascende seu olhar marginal das ilhas,
do fogo raro de toda esperança que se exila,

enredado na coragem que não se aplana.
Mas o mar vira, as ondas se rebelam ao intruso.
Ah, Teresa, se você existisse e amor fosse verdade.
No escavado céu, faltaria espaço
que se acumulou de nimbos e tempestade.
E vão-se as redes, os peixes, os barcos, um mar;
velhas margens e estreitos limites. No olhar pescador
queda o ar, de chuva e pressentimento.

A MORTE DO AMOR

Eu não matei o amor.
Não preguei seu corpo em cruz de madeira
e que não me abraçasse o corpo, a razão
de ter nascido.

Eu não matei o dono do mundo
e ser eletrocutado nessas cercas de Guantánamo,
o sangue se esvaindo dos seus gritos,
o cérebro agonizando dos seus segredos;
a pele arrancada, corpo arrastado
nas pedras pontiagudas das colinas de Golã,
nas cavernas de guerrilhas, as colinas santas
das rosas do deserto que secaram sob seus pés.

Enquanto nessa mesa farta, rodeada de servos,
todos brindam à morte.
Eu sonhava voar no seu céu,
nas asas de um pássaro negro
e de cima, semear as sementes da ressurreição.
"Mas quem sois vós, humanos
que saciam do sangue do meu coração,
o amor que olvidastes?"
As flores de Golã florescem ao vento!

Eu não matei o amor.
E é com seus olhos servidos de iguarias ao corvo
que ainda enxergo toda essa escuridão.
Pelas noites escuras, essa luz frágil.
Deus está tão próximo que ouço o seu respirar.

O MUNDO É TÃO PEQUENO

Esse mundo é tão pequeno, amor!
Falso ingresso para um espetáculo
que não existia
e tu pensavas que fosse
o piso sereno da nossa casa
de branco doce, encantador.

Nosso jantar que, no fogo, esfria,
mas o mundo não tem asa
e está te levando, avassalador
como um fogo em brasa; esse dia
que se arrasta na ventania
ao fastio da noite na curva trilha
onde o céu de vidro se afasta...

Plácido o sol, estonteante,
sem saber se resiste à luz da fonte
ou morre afogado no mar;
deixaste-o aqui, um vespertino raio
translúcido, tingido no berço do filho
como se fosse deveras voltar...

Oh, meu amor, o mundo é tão pequeno!
Cabe numa gota de veneno
e dá tantas voltas que não vemos
quando é dor nem vivemos o porquê,
num entra e sai de porta, sem nada dizer!

A ÚLTIMA CARTA DE AMOR

O carteiro me trouxe a última carta dela
e que me falasse ali dentro,
antes que tudo fosse apenas um sonho
ou que eu parasse de acreditar.
Ela estava ali, naquele envelope fechado,
como se a noite se abrisse lenta:
a última madrugada do mundo.

A sua voz ouvida no vazio do universo,
cada palavra escrita refeita de sol.
Ali, oculto dos olhos, vivemos eternos
o tempo que conseguimos guardar.
E fomos rei e rainha de um império,
de uma realidade folheada de imaginação
e da grandeza das nossas almas
quantas noites nos recordam países
que invadimos com nosso exército.

Da janela alta, vimos longe as estrelas
no deserto de flores festivas
cobertas de orvalho, o sal
das lágrimas espalhadas ao vento.
Conquistamos as ruas de névoas, os navios
que longe se afastam das ilhas;
a terra trêmula das lembranças de um futuro...
Eis-me, porque sonhar é esquecer e lembrar
é tão pouco ou nada ser.
Então, abro-lhe a carta: a sua voz calada,
solta de paz que, por fim, me invade.

LONGÍNQUA ILHA

Algo de ti me aproxima, estremece
este convite de deitar na tua extensão,
longínqua ilha, tudo perfeito parece,
mas, comedida, recolhe-se da intenção...

Às vezes, tão longe e tão perto!
Teu coração desenhado de desejo;
mas este olhar breve, inquieto,
é raio cortante ou um doce lampejo?

Se houvesse chance de uma tarde;
o céu desse-nos consentimento:
esta tarde cúmplice, de véu e de lua
e todo o verde aplaudido ao vento.

Mas nosso amor é como a vida
que breve passa, sem alarde.
Um dia que nada acontece
e outro que beira a eternidade.

Assim te espera, inútil, que ousara
libertar meus sonhos recatados...
Tarde. Invade, náufrago no teu limite,
o mar que te acaricia e nos separa.

ÁGUA DE CACTO

Nós dois povoamos tanto o deserto
que das pedras nuas brilham opacidades
como a colheita ao vento vencida,
um pendão de trigo que balança estéril...
Água de cacto, a sede prometida;
incerto momento, grãos de tempestade.
Colhemos troncos, criamos cercas,
o céu da terra que separamos,
desalenta o frio que a noite se cobre.
E os filhos do passado soerguem tronos
aos deuses remidos de encantamento
bêbados de sedução, eis o nosso algoz:
meio a meio, repartidos no espelho pleno,
um rápido clarão que nos percebe.

O CACHECOL II

Ela voltou.
Algo esquecido sobre a mesa
depois das horas de revolta.
No chão vazio,
uma raiz que brota ao pé da porta.

Corredeira de luzes e aflição. Ela voltou
e eu me movo no vazio:
numa bolha de cristal, qualquer palavra.

Algo por dizer:
enfeitado de violeta e sóbrio
entre a tarde e esta noite frágil:
alguns fios desprendidos
como rasgos e cicatrizes expostas,
na pele da alma mais sensível.

E pelo ar,
o silêncio vela o silêncio,
não cura; se arrefece ao tempo.

Procura-te em mim! Ela voltou.
Na escuridão desta casa
eu te entrego inteiro:
nas mãos, o teu cachecol
com alguns fios soltos
que ainda me prendem os dedos.

LÁGRIMAS DO AGRESTE

No sol que a tarde chora
Entre o vão dos nós e a trilha
Toca a boiada, o boiadeiro,
A mão que o cavalo encilha
Sob a luz míngua de um luzeiro
No teso couro do crespo sal
E onde o mal se vê fecundo
Vai a esmo de quem foge afora
De si mesmo e pelo mundo;

Foram lágrimas, boiadeiro!
Foram lágrimas de uma boiada;
Se coubesse no vazio de um rio
Toda a água derramada
No agreste da sua face, um fio...
Mas logo aflora a flor que nasce
Como lua fugaz, desavisada
Essa esperança que move estio;

Cacto seco de luz e temporal!
Estalo que do céu se aproxima
Mal o tempo que se vê
E na cerca de pau respinga;
Boiadeiro, olhar rasgo do chapéu,
Um raio que o cavalo empina
No ar pesado do pó da estrada
Entre o vão dos nós e a sina:
Trilha a vida que a morte é nada.

O SILÊNCIO DA CATEDRAL

Finalmente, a velha catedral abriu as portas.
A acqua alta invadira o altar celestial
e o ponteiro das horas se oxidou, indeciso de sol.

Mas os devotos fiéis se encontram no ar, na terra
e em todos os cantos submersos.
Há Deus por todos os lados.

Os passantes tropeçam nas escadarias
como se num sinal de atenção,
em frente às feirinhas que vendem a sua imagem.

Há Deus no enigmático acaso:
a criança búlgara se perdeu dos seus pais
e trombou na velha ríspida que a acolheu.

Um imigrante de guerra, o desesperado olhar.
No vitral vazado de luz, o instante cego faz-se ver
marcas das invasões bárbaras
que o vento sibilante rasgou nas epístolas
e as folhas soltas voaram de palavras.

Se o velho mundo todo ouvisse
o sino que falseia o silêncio...
Há, no entanto, essa possível redenção
que ainda oscila numa teia de aranha.

ORAÇÃO À TUA PROCURA

Eu te procuro e não te acho...
Ó, Deus! Essa porta que não abre
Nada serve, nada me cabe
Por essa casa imensa sem jardim,
Essa luz que não brilha meus passos
Ó, Deus! Por onde anda
Eu dou mais um passo?
Mas andas tão quieto em mim...

Meu cérebro anda parado
E meu corpo anda sem vontade
Porque a verdade tem um só lado
E os desencontros
São rastros marcados previamente
Entre o coração e a mente
Em que o amor volta atrás
E a vontade vai sempre em frente.

O universo é essa casa:
Uma única porta de mil janelas
Onde sou dono do que vaza
E tudo que comporta é a espera;

Onde penso que tudo me cabe,
Mas sou só sentimento
Das vezes que erro se muito tento
Não sei se moras em mim...
Ou se é preciso uma outra chave.

UMA GOTA DE OCEANO

Se coubesse o mundo em uma gota,
penderia convulsiva e desafiadora
como o destino que nos concede frágil,
a pouca razão de que se vive.

Não caberia o mal por ser imenso.
Não sobreviveria a angústia por ser cega.
Eu a guardaria sem o tempo
nas minhas preces mais profundas
como guardo a luz do tênue olhar
quando o sol se perde de crepúsculo
e o céu se abriga de silêncio.

Não procuraria em mim a sorte
além do que o futuro já sabe.
Não perturbaria a morte propícia,
num frasco tão pequeno do universo.
Entre o iceberg e o oceano
arrasta-se a corrente da breve eternidade
numa gota, quanto caberia de nós?

VINHO DE SANGUE

Pobre das crianças,
sem a opção da morte
que a vida autoriza.
O mundo bebeu ácido
e a lucidez agoniza
como uma asa atingida
do céu ao chão,
pelo estreito de Gaza;
um velho corte de jornal
que embaça o sol.

Tombou outro prédio
onde morava a felicidade
crescida sobre o medo.
Nesse mundo bêbado,
a vida paga o preço
do remédio: obscuridade.

A lua avança
na triste cidade de Deus;
onde moras?
sobre um rio plácido?
Pobres crianças
que o mundo lhes deu;
esse vento violento
de chuva no pé de uva
fino raio de sol
que cai em silêncio.

Vinho de sangue
escorre cova a cova

e o broto da confraria
não crescerá.
Respinga o dia
sob o estalo
da esbórnia de um raio.

O TREM DA TARDE

Descarrilha o trem da tarde.
Treme o vagão pleno de casa
e ilude os olhos de quem espera
à margem da estação.

Voltaste depois do sol.
Eras um menino quando partiste.
Agora, um homem feito
de céu azul e tempestades.

Descerrado da minha face,
o riso claro de toda quimera
da luz trespassada de fumaça
aqui no seu final destino...

Segui teu giro, passageiro coração!
No último vagão do vento:
o trilho, a roda a ranger intensa
o freio e a distância que já não nos separa.

A LUZ QUE NASCE

Olho a luz que nasce.
Ela está lá todo o tempo
ao longo do infinito
e da névoa que nos envolve.

Um momento indivisível:
toda palavra é um só desejo...
essa luz que nasce,
como um beijo invisível.

A ponte que nos separa
tanto se aproxima o céu da terra
água clara em pedras eternas;
mãos que me acalmam no escuro.

Uma ave portentosa e serena
acolhe-me na chegada,
salvo da esfinge indecifrável
de uma Tebas louca, vazia.

Esse amor não é um mar,
uma tempestuosa aventura
a que se assiste imóvel.
Guarda-te na luz que nasce.

A NOITE MORTA

Na noite morta, os grilos ousados
rompem o silêncio
e um cabide de luz sustenta o velório
da pequena lua distante:
A casa dela tem lampião e os reflexos
na negritude me envolvem.

Mas para onde eu olho tem um aviso:
não pode, não pise, não ultrapasse.
O mundo parado, o vento que não move,
e todo Big Bang do universo se cala;
só uma folha cai...
Imprevisível essa tua estrada.

CUMPLICIDADE

A submissão desse cavalo não é cega
mas chega a ser de cordial cumplicidade
quando abaixa a cabeça, olha o caminho
e, como se carregasse um bom amigo,
não se importa com todo peso nas costas.

Nunca vi um ser humano com tanto amor
sua total dedicação e fidelidade
que me fez sentir um personagem principal.
Atravessei o portal do mundo galopando,
e o mundo se fez pequeno diante da bondade.

A distância que se contava aos olhos;
ao que tudo parecia longe de se chegar,
se assenta no selim, se curva no arreio...
Meu cavalo, pousado olhar que descortina
no horizonte de carícias e cheiro de mato.

LUA DE PASSAGEM

Sobe uma ladeira de paralelepípedo
meu andar eremita por essa rua inútil
que mal ascende e sei lá para onde
me leva esse coração pálido de aviso

Passa por mim um pássaro fugaz
e sobe com o céu atrás e nada me diz
se o amor está acabando ou se infeliz
na gaiola o sal era doce por demais

Passa o homem do lamento rotineiro
timoneiro que se afundou com o barco
enquanto o sol que pintava o íris-arco
depois da chuva se enfeitar do entardecer

Passa a lenta procissão, pó de esperança
viver que se foi e voltou lembranças
a dança da vida me assalta no meio-fio
um tambor que abafa o cio do meu coração

Passam carros, carros por todos os lados
ruidosos sumindo, sumindo, sumindo
e a lua tombada nos meus passos despidos,
me seguindo e seguindo, seguindo...

ATÉ QUE O VENTO SEPARE

A negra nuvem que abraça a montanha
recebeu do seu verde um aceno afetuoso
e trocaram confidências e intimidades.
Se amaram até que o vento as separassem,
esse intruso do cerimonioso ato.

Chora a chuva longe para que se ressurgissem
mas tudo gira em volta do que se desvanece
como se descrevesse algo amórfico, inerte,
e se eternizasse na aparência de nenhum fato.

Um pássaro, um pássaro que passa, indiferente.
Inútil saber quanto dura um momento de felicidade,
mas o que a trouxe é tão efêmero, inesperado
que tão depressa a levou de volta.

O ÚNICO BEIJO

Eu te esperava quando vinha a noite.
Te esperei tantas outras vezes
a cada trem atrasado,
voo desmarcado,
navio de outros passageiros.
Fiquei reconhecido nas estações,
naquele aeroporto, no mar inteiro
em que trocamos o único beijo.

Eu aprendi a dizer talvez...
Talvez... tua mala perdida
na última esteira de bagagem
dessas vindas e idas,
ao longe, um corpo que te lembrasse
se dissipava na neblina.

Outra vez, eu te preparo o jantar
mas tu nunca tens fome;
o que devoras é o meu olhar,
essas uvas pretas, insones.
O vinho branco me escorre à face,
e eu aperto-te em mim,
teus lábios loucos, estremecidos.

Por fim, seria a brisa
a doce calma que me invade.
Eu te amaria tanto, tanto
se tu tivesses alma
e não te chamasses, saudade.

RUAS DO PASSADO

Só o passado, mero sopro de memória.
A luz tinge o ar de amarelo
e estão fechadas todas as portas do velho mundo.
Era em uma dessas ruas
sem saída que se anunciava o presente,
a ruidosa ventania.

Um Coliseu de pedras ainda oscila
e no pó das demolições,
os vestígios de duas adagas:
a que, de traição, atravessou César
e a do amor que se suicidou
no peito de um Romeu desesperado.

Gotas de orvalho oscilantes nos pêndulos enegrecidos
de luzes foscas como pérolas esquecidas.
Uma brisa passageira abraça as árvores,
repousa sua natureza entre o sol
e folhas secas, carcomidas da tarde.
Da passagem de pomposas carruagens,
apinhadas de deuses e gente,
aos solavancos e trepidações do acaso.

Mas ninguém caminha ao nosso encontro.
O barco que nos trouxe já se foi há séculos.
No calabouço, meu coração enjaulado
esperando dias de glória.
A rua estreita, antes povoada de expectativa,
agora é palco do silêncio.

Não fomos jovens o bastante
nem melhores com o tempo.
O que ficou de ti: duas velhas adagas,
um grito que se apaga
por essas ruas semeadas de passado.
Um homem varre as folhas trazidas pelo vento.
E uma ave que se assusta.

À TUA ESPERA

Move o dia em tua direção.
Passos lentos de nuvens
que se amontoam na vastidão,
o adeus de cores fugidias...

Rasga a cilha no que cavalgo
e o açoite da vida indaga:
São teus olhos que acendem
a noite que o dia apaga?

Por que são só sonhos inválidos
e tudo meu, a tua ausência?
Segue o girassol à extensão do céu,
brilha de azul o seu rosto pálido...

Traga-me o sol da tua essência!
da raiz fina que a flor cresce,
transplantado ao solo árido de luz
o amor vigil de noites desertas.

E gira o mundo, um dia a menos
mais longe e mais lento
cessa a concha vazia dum eco
ao vento da paisagem fria.

A onda que do mar se desprende
acerta o meu corpo em desatino;
pende o coração que te espera
e morre num dia assim, tão infindo,
vazio, e revestido de primavera.

O ATOR E O PERSONAGEM

Tu que me deténs!
Ó, espelho! não me repete!
A alma não se reflete ao vidro,
apenas a parte visível e feia
exposta, fina ou cheia, o livro
de um autor desconhecido...

Tu que me deténs!
Os dias, as horas, a vida
que vives a escoar de tempo;
refém de um Deus soberano
ao inverso da luz comprimida,
torna-me um aço imutável.

Ó, tu que me deténs!
Os desertos de areia e pedra
por onde o sol entreva os raios
da tua prata escura, polida...
O passo não me ignora,
não me desdenha a parte ferida.

Ó, espelho de camarim!
Mas, afinal, o que sabes de mim?
Um ator ou um personagem
que se veste de medo
como uma criança a querer
o que está detrás da imagem
entre o vidro e o inoxidável,
a exatidão, o segredo de não ser...

Então, eu te digo:
Ó, espelho, teme os artistas!
Porque detrás do pano, esta mulher
de aparência frágil e mística
como um espelho que visa ao longe
tem minha alma que de ti esconde.

> *"Mais un Dieu, ce n'est pas seulement une autorité dont nous dépendons; c'est aussi une force sur laquelle s'appuie notre force."*
> **(Durkheim)**

FLORES EM FUGA

Brisa da tarde, as flores falam entre si
Confidências e êxtase, inexplicáveis
Se o sol se aproxima, mudam ágeis
Segredos que ninguém ouve, calam-se!

Mudam as estações, assobia a canção
O menino passarinho ao vento espalha
Que a bruxa Medeia distribuiu espinhos
De rosas entre azaleias e linhos, tocaia

E de orquídeas o luxo se veste a colina
Vestido longo das margaridas em pérolas
E tento decifrar a tua dupla vida do olhar
Escrava paixão, a rosa que me desatina

Bela flor, se pudesse entender a sua fala
Por pouco então essa magia do prazer...
A rosa ignora o apelo, se fecha em botão
Foge em desespero, o coração se cala
E o sol fica sem saber.

NEFASTO SILÊNCIO
(enquanto é permitido calar-se)

Decerto as palavras são fragilidades.
Às vezes, remoídas de sentimentos,
sobem na mureta bem alta
contemplando o mundo que desfila.

Os olhos se ferem dos cravos-respingos,
enganosas de sempre, as cores do sol;
turbante franjado descaído de nuvens
que embaça a rua interminável do silêncio.

Espera-se um pequeno ato, possível eco,
o deslizar de uma lagartixa receosa
que só olha, empina breve e rápido foge
enquanto o céu se derrete em chuva.

Sobem ao vento essas palavras avessas;
coisas que de nada serviriam guardadas:
"um talvez, um quem sabe... um outro dia!"
Fraca, a chuva não passa de um trovão.

E a palavra miúda cala-se ao tempo
onde o paiol se encheu de feno;
uma agulha perdida enferruja-se de aço
se o que a circunda é a linha do acaso...

Enlaça-se ao pensamento que morre
e se cala num canto à luz da redenção
porque, mais que a voz mais forte,
sábias são as palavras que não se tocam.

E passam carruagens e féretros
ao largo de toda iniquidade,
expondo peças de uma antiga mobília;
não importa se a dor tem cura.

A eternidade se embalsama por calar-se.
Esse segundo precioso que se despe
enquanto se sustenta mudo,
algo que não existe ou não incomoda.

Apenas resvala a imagem das horas
que emerge das sombras
e morre noutra tarde longa de inverno...
Enquanto é permitido calar-se...

Enquanto o fogo se risca no papel do cigarro,
a fumaça ilude de se viver assim:
de se viver do ar ignorado,
a palavra que exala todo o seu silêncio.

A LUZ NEGRA DOS OCEANOS

Ó, Senhor dos tiranos!
Por que levaste o meu amor
acorrentado ao céu negro do oceano?
Por que invadiste de dor e sacrifício,
a minha África sagrada, todo o início
do amor imortal desterrado?

Ó, Senhor dos tiranos!
Por que tomaste à força
esses navios negreiros
que o infinito céu não abriga
a constelação nos olhos
que se esvai no peito esquartejado?

Ó, Senhor dos tiranos!
Levaste a minha fé,
a luz que distante me guardava
dessas ondas de mar perdido
e que me arrasta à tua casa, à tua sorte.

Ouve esse surdo tambor, meu Lorde!
Que dos porões da alma ecoa;
essa prece chicoteada de morte,
esse sangue banhado de lua
que até o mar transborda e recua.

Ignoras a terra em que piso sem doçura,
a pobre senzala que ao vento destelha.
Candeia luz que permeia a saudade
das correntes duras no chão incendeia.

Ó, Senhor dos tiranos!
Por que levaste o meu amor?
Levasse então minha alma ao condenado exílio!
Melhor seria o suplício da morte sem ela,
mas deixaste-me aqui de pé
de vingança e ódio, dentro dum corpo vazio.

MAR REVOLTO

Ela fez a mala e saiu até a varanda.
Incomodando os grilos,
a luz fosca mal ilumina os seus passos
e uma estrela vermelha acena hostil.
O céu segue inútil.

Fogosa lua que agita as marés,
o barulho nos cascos do estaleiro.
A boia manteve ali nosso barco
e o vento fez seu estrago rotineiro.

Segundos esquecem-se das horas.
O silêncio mórbido pende
e quase toca nossas mãos frias.
Estivemos perto das correntes
das ilhas virgens, cicatriz na areia.

Nossos sonhos flutuam após o naufrágio.
O ar da noite vara ríspido,
um fio solto do casaco te expõe a pele.
As folhas se desgarram pouco a pouco
amarelas, represadas de orvalho.

De pé, na escada úmida de névoa,
a madeira resiste mais que o tempo.
Um, dois passos... Rente ao umbral
a madrugada cede
e o sol não durará para sempre.

UMA ROSA NO ESCURO

Uma rosa,
tão transitória vida!
Cada pétala de horas,
às vezes te desfolha
ou te cai distraída...

Rodam os alucinados ponteiros!
A hora de tal desencontro:
um que roda os milênios inteiros
e o outro, do casual encontro.

Rosa, essa palavra imprecisa
que sai da minha face,
de elegia algum poeta me avisa
existir sob cavo disfarce.

Da penumbra rodeada, a hera
assoma à parede
e a flor vergada de tanta espera
ao destino de escolher-te.

Mas por que não te encontro?
Se a vida passa das nove...
Agora é meia-noite em ponto
e a outra noite me encobre.

Do que se sabe o futuro?
O pouco que se ouve do vento,
da primavera sobre um muro,
galho fino de pressentimento...

És a mulher que ao vento chora
se nem o sol serve de alento;
cega, ignora que vivo em ti,
quando tudo é escuridão por dentro...

Mas és a última rosa, imperfeita
assim frágil, sem perfume;
por mais que tuas pétalas desfeitas,
renasces na poesia que te reúne.

BREVE ETERNIDADE

Depois da tempestade, ao longo do céu
distanciam-se os trovões.
Resiste essa árvore que as folhas o vento varre
e sacode seu cachecol de fio crochê
agarrado em seu último galho. Insidiosa,
a eternidade que em você reconheço.

Risco o seu nome no tronco; ressoa longe,
de não sei onde cresce surda
aos turbilhões de tantas outras coisas.
Pousa suave, uma borboleta...
E vem a paz desse breve estio
nas folhas trêmulas, sobreviventes!

Breve o tempo dessa vida e por demais
exposto de alma, desacelerado de asas:
os pássaros que cantam em desvario
como crianças voltando às ruas,
habituais correrias de se esconder do mundo
sob o riso de um sol tímido.

CANÇÃO EM TINDARI

Eu canto. Eu canto para os bêbados.
Os bêbados de amor,
de luas e de sonhos em demasia.
E sinto prazer no voo das gaivotas
que riscam o vento calmo da tarde
entre folhagens altas de nuvens
embaçando o céu de outono.
Sicília, eu canto em Tindari,
a mulher que nos habita.
Brindam cálices, as mãos dadas...
É essa canção que se ouve;
um vento cúmplice que assobia
súplicas e lamentos do mar.
Eu canto a última canção,
bêbado do sol que se esconde
trôpego sobre as colinas,
sua breve caminhada para o céu.
Bêbado da luz dos seus olhos,
o amor que me cura sua ausência
e tudo se equilibra
nos ombros largos da noite.

DE VOLTA ÀS CORDILHEIRAS

A exuberância remonta-se de neve;
altiva, no fundo do vale, desfila
de nuvens ralas. Não há abismo entre nós,
só as circunstâncias.

Ao longe, receptiva, o seu véu branco convida
mas a morte é escolha
e a vida é o que transcorre. E Ela sorve
o céu cinza e eu, o seu breve infinito.
O branco fere essas fronteiras dos Alpes
que tingem cordilheiras imponentes.

Do alto, a terra é uma só.
As fronteiras são trilhas de formigas
e, por um vão estreito, ignoram
se somos estrangeiros:
os recomeços nos salvam do exílio.

O meu corpo se molda silencioso.
Um pássaro detrás de moitas se assusta
e, num átimo de bater asas,
sou essa folha que balança sob a divisa,
pontilhada de estrelas soltas.

Longa trilha solitária, a neve
coroando a minha chegada triunfal.
Finco a bandeira no seu topo,
espalhando gelo por toda a face.

Como um ser vivo que me acolhe,
as montanhas são frias e imponentes

se lhes aproxima da noite.
Em volta, arqueiam-se de silêncio
mas, pulsam-se de vida ao desafio...
Além, um estrilar de raio distante.

Nem caberiam tantas divisões no mundo.
Um ou outro lugar de gruta, esconderijo.
A água pura territorial das estalactites,
os sons da noite, ensurdecidos e sedutores...
Um dia eu volto a essas cordilheiras.
Passo a passo o que me aproxima da sua curvatura.

CHUVA NO PANTANAL

Foi como pluma,
um arrastar de nuvens
depois do raio, um rubro archote
e o céu ficou negro
de silêncio entrecortado:
os primeiros pingos,
brando arrepio
e a chuva desceu jorrada
depois de meses de estio.

Festa do mato e dos bichos
a bela natureza se esbaldando.
Nenhuma folha se moveu
e nenhum vento torturou
até a cigarra parar de cantar
na tarde recolhida de ar violeta.
Ela montou rápido no baio
a recolher o gado desarvorado
e apeou na ponta do raio.

Juma, pantaneira de coragem,
de enfrentar longas viagens,
de enterrar os mortos
e suportar a dor;
depois de perder o marido
pro veneno da serpente
passou a ter medo súbito,
de raio e de gente.
Dos trovões que sacudia,
correu a tapar o aço imperial
e a guardar tudo que afia...

Enquanto o sapo coaxava
por detrás do pote
esquecido da jararaca,
sorrateira, pronta pra dar o bote.
Ouvia-se o mugido do gado
deitado na aba do mato;
a galinha que abria o bico
aninhada com os patos.

Longe, a anta amoitada
sob o pé de angico, atenta
que a pintada, rasteira se escondeu
no meio das folhagens
assustando os biguás, os tuiuiús,
a verde arara recolhida
que a tudo assistia, certeiro
o voo rasante do anu
sobre a couraça do jacaré.

Mariposas assanhadas,
passarinhos calados
do escaldante calor do dia
no bojo das nuvens grávidas,
muita, muita água
ainda por vir,
ainda pra cair no pasto seco.

E sobre a primavera
desaguou mais que o esperado
arrastando galhos,
cobrindo pasto
que se preparava, consentido,

o Pantanal ansioso
pela chegada das águas.

Vê-se na manhã da estiada
o reinício da vida pantaneira.
Do mato seco, espinhado,
o cerrado encharcado na barranceira,
a incrível alegria do capim
que exala o perfume de terra molhada
e já se prepara de florada.

VIAGEM

Basta-me que venhas comigo
E que a minha alma te leve
Não há caminho fácil de se chegar
Nosso abrigo é um vento breve

Onde dormem as tardes violetas
Sob manto florido de encantamento
Ah essa vida que passa tão feita
Súbito, a viagem é um só momento

Pois ninguém sabe quando vai voltar
E ninguém pode mandar no tempo
Deste-me aos meus olhos de sonhar
Nada que prenda de acontecimento

Nem teto, nem hora, nem parafuso
Enquanto houver céu, viagem
Essas asas imperfeitas de ilusão
Em meu coração voará ao ar difuso

E serás o meu pássaro companheiro
Efêmero de chuva, de sol e de felicidade
Eu quero voar contigo o mundo
Um segundo que seja o tempo inteiro

Enquanto houver céu, amor luzeiro
Mesmo que só de passagem,
Mesmo que seja esse céu rasteiro:
De pó e estrada, a nossa viagem.